ngrès des Associations Agricoles

des Alpes et de Provence et des Alpes-Maritimes

SÉANCE DU 10 AVRIL 1901

CONFÉRENCE

DE

M. ERNEST LAIROLLE

Vice-Président du Conseil Général des Alpes-Maritimes

SUR LA

Législation des Caisses d'Epargne

NICE

IMPRIMERIE V.-EUG. GAUTHIER ET C^o

27, Avenue de la Gare, 27

—

1901

CONFÉRENCE

DE

M. ERNEST LAIROLLE

Congrès des Associations Agricoles

des Alpes et de Provence et des Alpes-Maritimes

SÉANCE DU 10 AVRIL 1901

CONFÉRENCE

DE

M. ERNEST LAIROLLE

Vice-Président du Conseil Général des Alpes-Maritimes

SUR LA

Législation des Caisses d'Epargne

NICE

IMPRIMERIE V.-EUG. GAUTHIER ET Co

27, Avenue de la Gare, 27

—

1901

Congrès des Associations Agricoles des Alpes et de Provence
ET DES ALPES-MARITIMES

SEANCE DU 10 AVRIL 1901

CONFÉRENCE

DE

M. ERNEST LAIROLLE

SUR LA

Législation des Caisses d'Epargne

MESSIEURS,

Nous avons assisté, à l'occasion de la visite de M. le Président de la République (1), à bien des feux d'artifices, oratoires et autres. Maintenant les fêtes données en l'honneur du Chef aimé et respecté de l'Etat sont finies. Les fusées, les pièces de pyrotechnie, si brillantes, sont aujourd'hui éteintes, après avoir illuminé l'horizon de leur fulgurant éclat. Les discours ont subi à peu près la même destinée. Nous revenons aux choses pratiques de la vie, et le Congrès des Associations Agricoles des Alpes et de Provence et des Alpes-Maritimes continue le cours de ses utiles travaux.

Je viens aujourd'hui entretenir le Congrès de la question de *l'emploi des fonds* des caisses d'épargne ; question capitale, à la solution de laquelle est attaché, au moins en partie, l'avenir économique de notre pays,

(1) On était au lendemain de la visite de M. le Président de la République.

question qui se lie intimement au développement du Crédit agricole, c'est-à-dire à l'un des objets de votre congrès. Il suffit de la poser pour en faire ressortir l'extrême gravité. Il s'agit pour le moment de l'emploi de quatre milliards, et si les efforts législatifs faits pour décourager l'Epargne et l'éloigner des caisses d'épargne ne réussissent pas à en enrayer la marée toujours montante, de l'emploi à brève échéance de cinq, de six milliards. Quatre milliards à employer, ne sauraient être dans l'économie générale d'un peuple une quantité négligeable : S'ils sont judicieusement utilisés, ils exerceront sur la richesse publique une influence féconde ; ils seront dans le cas contraire, une cause d'appauvrissement et de stérilité. Ces milliards ont un caractère sacré. C'est l'épargne du travailleur, du pauvre, amassée sou à sou par l'ouvrier, disputée aux entraînements du cabaret par l'épouse, par la mère, c'est pour la démocratie économe et laborieuse, la sécurité du lendemain, l'établissement des enfants, le pécule des vieux jours. Il faut que ces dépôts jouissent d'une parfaite sécurité, il faut qu'ils puissent être immédiatement et facilement remboursés; pour satisfaire aux nécessités pressantes de la vie. La sûreté des placements ; La rapidité du remboursement ; La fécondité de l'emploi : Voilà les trois termes de la question à résoudre, appliquée à un minimum actuel de quatre milliards.

Deux systèmes sont en présence:

Le drainage plus ou moins direct des fonds des Caisses d'Epargne par l'Etat, ce que l'on appelle : **Le Tout à l'Etat.**

La liberté d'emploi des fonds déposés.

La France a adopté le premier des deux systèmes.

Le régime des Caisses d'épargne, avant la loi des 20 juillet et 6 août 1895 avait été organisé par les lois du 3 juin 1827, du 31 mars 1837 et le décret du 15 avril 1852.

Il pouvait se résumer ainsi :

1° *Adduction totale des fonds recueillis à une caisse d'Etat, la Caisse des Dépôts et Consignations.*

2° *Emploi des fonds déposés en titres de la dette d'Etat, et en compte-courant au Trésor.*

3° *Obligation par l'Etat de rembourser en numéraire.*

C'est sous ce régime que suivant les progrès de la fortune publique les dépôts ont atteint le chiffre de quatre milliards.

Si ce chiffre était fait dans, une certaine mesure, pour satisfaire notre fierté nationale, il était de nature à inspirer des craintes sérieuses et des inquiétudes légitimes. Quatre milliards entre les mains de l'Etat, remboursables à vue ou à peu près : C'était une charge légère en temps ordinaire, écrasante en temps de guerre ou de révolution, exposant l'Etat à tous les risques d'une véritable banqueroute. On avait touché du doigt la grandeur du péril, alors que les dépôts n'avaient atteint que des chiffres bien inférieurs, en 1830, avant la loi du 31 mars 1837. La secousse résultant de la Révolution avait ébranlé les caisses françaises et failli faire sombrer celle de Marseille.

En 1848, alors que le régime du *Tout à l'Etat* était devenu légalement obligatoire, il avait abouti à des embarras tels, que malgré l'élévation de l'intérêt à 5 0/0 il avait fallu limiter les remboursements à 100 francs par livret, et offrir la conversion du surplus, moitié en bons du Trésor à quatre ou six mois qui s'escomptaient à 40 0/0 de perte, moitié en rente au pair alors qu'elle était cotée à 70 francs, enfin consolider les livrets en un titre de rente au taux majoré de 80 francs. Nous avions donc eu à cette époque un commencement de banqueroute, qui n'avait été atténué que par le décret du 21 novembre 1848 qui a accordé 8 fr. 40 par 5 francs de rente, en compensation des spoliations consommées.

En 1870 l'exigibilité des dépôts a été suspendue par une série successive et précipitée de mesures, de décrets et de lois.

L'expérience a donc démontré qu'en cas de bouleversement politique ou d'épreuve internationale, l'Etat était dans l'impossibilité de tenir ponctuellement ses engagements vis-à-vis des déposants L'épreuve a été concluante, elle a été faite à une époque où l'Etat n'était comptable que de 358 millions à peine, en 1848, et de 695 millions en 1870. Il a été établi par cette double expérience que même avec les clauses de sauvegarde, et les échelonnements de remboursement, l'Etat ne serait pas, en cas de guerre ou de révolution, en état de supporter la charge du remboursement de plusieurs milliards.

Cette situation s'imposait aux préoccupations de tous, au Parlement et dans les Caisses d'épargne. C'est à ce moment qu'une admirable campagne en vue de la Liberté de l'emploi des fonds déposés a été commencée par M. Eugène Rostand, président de la Caisse d'épargne de Marseille, aujourd'hui membre de l'Institut, qui avec une grande hauteur de vues, et un rare talent a essayé d'entraîner les Caisses d'Epargne françaises dans la voie de la Liberté et du Progrès. Nous espérions avoir le bonheur de posséder parmi nous M. Eugène Rostand, qui a ce rare bonheur de voir à côté de lui, naître et s'épanouir dans un éclatant succès, une jeune gloire qui s'unit à la sienne sans l'éclipser. Qu'il soit permis à un de ses modestes élèves et fervents admirateurs de le saluer de loin au nom de tous, et de lui dire qu'en engageant résolument, en continuant avec une ténacité que rien n'a découragé, la lutte contre la routine et l'erreur, M. Eugène Rostand a bien mérité de la France.

Si un jour, comme je l'espère, nous assistons au triomphe de la noble cause qu'il a si éloquemment soutenue, nous pourrons à l'instar de nos députés de 1877 dans une mémorable séance, nous tourner vers M. Eugène Rostand et nous écrier comme eux : le Libérateur de l'épargne française : le voilà ! (*applaudissements*).

L'initiative de M. Rostand a porté ses fruits. La Vérité s'est mise en marche ; elle ne s'arrêtera qu'après le triomphe final. Au Parlement des hommes convaincus, autorisés, éloquents ont pris l'initiative de projets de loi. tendant à donner, avec certaines précautions légitimes, aux Caisses d'épargne la liberté d'emploi des fonds des déposants et dès 1887 et 1889 des propositions parallèles étaient soumises à la Chambre par MM. Hubbard, Siegfried, Lockroy, tendant plus ou moins directement à la liberté d'emploi des dépôts. De son côté, le gouvernement par MM. Sadi Carnot, Jules Roche et Rouvier saisissait le Parlement de projets de loi ayant pour objet de réduire le maximum des dépôts et de prendre des précautions diverses pour protéger l'Etat contre le grave péril que lui faifait courir cette colossale accumulation de milliards déposés dans ses caisses et garantis par sa responsabilité.

La commission nommée par la Chambre s'est montrée favorable au principe de la liberté qui avait l'inappréciable appui de M. Léon Say, et ses conclusions ont eu le bonheur d'être soutenues avec autant d'autorité que de talent par M. le rapporteur Aynard ; mais malgré tous leurs efforts, le principe de la liberté a succombé devant la Chambre, et après une série de débats et de renvois successifs du Sénat à la Chambre et de la Chambre au Sénat, la loi des 20 juillet et 6 août 1895 a été votée.

Voyons cette loi dans ses grandes lignes, et rendons-nous bien compte du régime actuel de nos Caisses d'épargne.

C'est toujours la Caisse des Dépôts et Consignations, c'est-à-dire une caisse, un compartiment plus ou moins étanche de l'Etat, qui est le grand récipient des fonds des déposants.

Seulement une certaine latitude lui est laissée pour l'emploi de ces fonds. Elle peut acheter soit des valeurs de l'Etat, l'Etat français, ou jouissant de la garantie de l'Etat, c'est-à-dire de la rente ou des obligations de chemins de fer, soit des obligations négociables des départements, des communes, des chambres de commerce, soit des obligations foncières et communales du Crédit Foncier.

Les sommes non employées en rentes ou obligations ne peuvent dépasser le 10 0/0 de l'ensemble des dépôts. Ces sommes sont déposées à la Banque de France ou placées en compte-courant au Trésor dans les mêmes conditions que les autres éléments de la Dette flottante. Toutefois ce dernier compte-courant ne peut dépasser cent millions.

Les remboursements sont toujours faits à vue par les Caisses avec un délai de quinzaine. En cas de force majeure, un décret peut autoriser le remboursement par quinzaine, et par fractions de 50 francs pour chaque livret.

Le maximum des dépôts est abaissé de 2.000 fr. à 1.500 fr. Les Sociétés de secours mutuels et autres institutions assimilées peuvent déposer jusqu'à 15.000 fr.

L'intérêt à servir par la Caisse des Dépôts aux caisses d'épargne est calculé chaque année en tenant compte du revenu des valeurs du Portefeuille et du compte-courant avec le Trésor pour les fonds des caisses d'épargne.

Un fonds de réserve et de garantie pour l'ensemble des dépôts est constitué à la Caisse des Dépôts et Consignations. Il ne peut dépasser le 10 0/0 du montant général des dépôts. Il est constitué en majeure partie par le fonds de réserve alors existant et par la différence entre le revenu du portefeuille et l'intérêt servi aux caisses d'épargne.

L'intérêt servi par les caisses d'épargne est calculé sur l'intérêt servi par la Caisse des Dépôts, déduction faite de 50 centimes 0/0 au plus et de 25 centimes au moins pour les frais et le fonds de réserve. Un taux d'intérêts gradué peut être établi suivant l'importance des dépôts. Un taux de faveur peut également être appliqué aux petits livrets ne dépassant pas 500 fr., dans les conditions fixées par la loi. Les sociétés de secours mutuels et les institutions assimilées jouissent de l'intérêt fait aux livrets les plus favorisés.

Les caisses d'épargne doivent avoir un fonds de réserve particulier, constitué dans les mêmes conditions que le fonds de réserve général.

Elles peuvent employer leur fortune personnelle :

1° En valeurs d'Etat ou jouissant d'une garantie de l'Etat ;

2° En obligations négociables et entièrement libérées des Départements, des Communes, des Chambres de commerce, en obligations foncières et communales du Crédit Foncier, en acquisition ou construction d'immeubles nécessaires à l'installation de leurs services.

Enfin, elles peuvent employer la totalité de leur revenu et le cinquième du capital de cette fortune :

En valeurs locales telles que bons de Mont-de-Piété ou autres établissements reconnus d'utilité publique, prêts aux sociétés coopératives de crédit ou à la garantie d'opérations d'escompte de ces sociétés, acquisition ou construction d'habitations à bon marché, prêts hypothécaires aux sociétés de construction de ces habitations, ou aux sociétés de crédit qui ne les construisant pas elles-mêmes ont pour objet d'en faciliter l'achat ou la construction et en obligations de ces sociétés.

Si on ajoute à ces parties essentielles, la prohibi-
tion des doubles livrets, quelques dispositions relatives
au taux d'intérêt de la caisse d'épargne postale, aux
mineurs, aux femmes mariées, aux oppositions sur le s
livrets, et la création de la commission supérieure des
caisses d'épargne, on a, dans son ensemble, l'économie
de la loi.

Telle qu'elle est, M. Aynard avait raison de dire
que si elle fait une assez large part à la *Prévoyance*,
elle ne concède qu'une *ombre de Liberté*. On a cru
faire une assez large part à cette dernière en permettant aux Caisses d'épargne de consacrer à certaines
valeurs la totalité des revenus et le cinquième du
capital de leur fortune personnelle. Mais sauf cette
très légère concession qui ne changera rien au mode
général de gestion des Caisses d'épargne, c'est toujours l'Etat qui reste, par l'entremise de la Caisse des
Dépôts et Consignations, le maître absolu des Caisses
d'épargne ; ce sont des valeurs émises par l'Etat ou
garanties par l'Etat, des valeurs départementales ou
communales soumises aux mêmes risques, aux mêmes
fluctuations que les valeurs d'Etat qui formeront le
portefeuille général des Caisses d'épargne, ou leur
patrimoine particulier. La parcelle de liberté qui leur
est concédée est infinitésimale par rapport à l'immen-
sité des dépôts et ne suffit pas à modifier le régime
auquel elles sont soumises. C'est toujours le régime
du Tout à l'Etat qui est pratiqué en France, depuis
1895, comme avant.

M Aynard au cours de la discussion a qualifié la
loi nouvelle de *loi de transition*. Il a eu soin de décla-
rer que ce n'était pas une loi organique ; mais nous
savons tous qu'en France, il n'y a rien comme le provisoire pour durer. Cette loi de transition, cette loi
provisoire sur les Caisses d'épargne pourrait rester
longtemps la maîtresse absolue de leurs destinées si

tous ceux qui reconnaissent ses imperfections et son insuffisance ne provoquaient pas, par tous les moyens en leur pouvoir, un mouvement d'opinion pour amener la modification de son principe essentiel.

Il importe donc que noùs examinions si le principe de la loi, c'est-à-dire la gestion des fonds des Caisses d'épargne par l'Etat, leur emploi en valeurs d'Etat est bon ou mauvais et si l'on ne doit pas tenter l'impossible pour le faire disparaître de notre législation.

Nous verrons tout à l'heure quelles sont les raisons majeures qui existent contre le régime du *Tout à l'Etat*. Nous verrons combien le régime du Libre emploi est au fond plus sûr, et quelle fécondité bienfaisante il aurait pour la France le jour où elle l'aurait adopté.

Constatons avant toute argumentation un fait qui doit frapper vos esprits : *La France est parmi les nations civilisées la seule qui pratique d'une manière à peu près absolue le régime du Tout à l'Etat.*

On a dit qu'il y avait quelqu'un qui avait plus d'esprit que Voltaire, c'était Tout le Monde. Si ce proverbe est vrai et ne s'applique pas seulement à l'*esprit,* il est bien difficile d'admettre que la France ait raison contre le monde entier.

On a cité comme étant soumise au même régime que la France. la Grande-Bretagne. Si cela était vrai rien ne prouverait que l'Angleterre fût dans le vrai, et on trouverait dans ce régime même la cause du rang relativement très inférieur que la riche Angleterre occupe dans l'échelle des nations civilisées, au point de vue de l'intensité et du développement de l'épargne ; mais l'assimilation de la France à l'Angleterre n'est pas tout à fait conforme à la réalité, et le régime des Caisses d'épargne en Angleterre offre infiniment plus d'élasticité qu'en France.

Voyons en effet le régime anglais :

Les Caisses d'épargne postales elles-mêmes ne sont pas exclusivement assujeties aux valeurs d'Etat.

Dans les Caisses d'épargne privées, il existe, qu'on me pardonne cette expression, une sorte de service à la carte ; les déposants peuvent à leur choix se faire ouvrir des comptes séparés, et leurs dépôts sont employés suivant leur volonté, soit en valeurs gouvernementales, soit en *bonds* ou *bills* de l'Echiquier, soit en autres *sécurités* créées ou garanties par autorisation du Parlement, soit en *bonds* ou hypothèques sur propriétés transmissibles par héritage, soit en obligations, nantissements, certificats de dépôts de compagnies constituées par Charte Royale ou régies par acte du Parlement, soit en valeurs de Comtés, de Villes et autres valeurs autorisées dans les mêmes conditions. Nous sommes loin du régime du Tout à l'État, et de la nomenclature des emplois autorisés par la loi de 1895. Il est vrai que tout ce qui n'est pas affecté à ces divers emplois va à l'Etat par l'entremise des *commissioners for the Reduction of the National Debt*, lesquels emploient les fonds ainsi versés soit en consolidés amortissables, soit en *terminables annuities* qui sont remboursées à assez courte échéance, de sorte que par ce moyen combiné avec quelques autres, alors que notre régime des Caisses d'épargne, s'il n'augmente pas la Dette publique ne la diminue pas, l'Angleterre est arrivée depuis 1815 à diminuer sa dette de plusieurs milliards, et qu'elle reprendra certainement le cours de son amortissement après la liquidation de la guerre du Transvaal, alors que nous avons accru la nôtre dans des proportions fantastiques (1).

L'exemple de l'Angleterre n'est donc pas à invoquer. Elle ne pratique pas sans doute le régime de

(1) Voir Rostand, *La Réforme des Caisses d'Epargne*, Deuxième partie, pages 71 et suivantes.

la Liberté. Elle pratique un régime mixte, combiné avec un ingénieux expédient d'amortissement de sa Dette.

Mais ne.jugeons pas le système français par le nombre des nations qui ne le pratiquent pas. Jugeons-le par ses résultats. La nation française est essentiellement économe. La propriété y est morcellée plus que partout ailleurs ; si son régime est bon, il va se juger par ses fruits, et placée à la tête de l'Epargne du Monde, la France aura raison contre toutes les nations.

Voyons ces résultats. Disons-le tout de suite. Ils sont écrasants pour le Régime français.

Si nous prenons les dernières statistiques parues (Voir *Economiste Français,* numéro du 27 octobre 1900, pages 570 et 571), nous trouvons la France distancée, en ce qui concerne le montant des fonds d'épargne :

1° par les Etats-Unis d'Amérique dont les dépôts d'épargne sont de 11 milliards 553 millions ;

2° par l'Allemagne qui met en ligne 9 milliards 500 millions ;

3° par l'Autriche-Hongrie qui parvient à plus de 6 milliards.

La France n'arrive qu'en quatrième ligne et il est à remarquer que la différence qui existe entre les dépôts d'épargne de l'Allemagne et de l'Autriche et ceux de la France n'est pas proportionnée à la différence qui existe entre la population de la France, 38 millions ; l'Autriche-Hongrie, 44 millions, et l'Allemagne, 52 millions.

Mais la comparaison devient plus probante et hélas ! plus écrasante pour la France lorsqu'au lieu de rechercher le montant des sommes déposées on calcule d'après les statistiques les plus récentes, nation par nation, les sommes déposées en moyenne par habitant de chaque pays et le nombre de livrets par cent habitants. La preuve résultant de cette statistique nous paraît décisive, car nous nous trouvons en présence des résultats produits par le régime de chaque nation sur les facultés d'épargne, d'économie des individus qui la composent

Voyons ce tableau. Il est singulièrement suggestif, et il n'est pas fait pour surexciter notre amour-propre national.

	Sommes		Livrets
1. Danemark.....	389 fr. 40	par habitant	46,12 par 100 habit.
2. Suisse........	325 fr. 30	—	42,29 —
3. Allemagne.....	188 fr. 80	—	25,82 —
4. Norvège.......	185 fr. 80	—	29,74 —
5. Australie......	183 fr. 80	—	23,90 —
6. Belgique......	158 fr. 80	—	41,80 —
7. Etats-Unis.....	156 fr. 10	—	7,68 —
8. Autriche-Hongrie.	135 fr. 40	—	12,22 —
9. Suède........	126 fr. 80	—	33,50 —
10. FRANCE.....	110 fr. 90	—	25,10 —
11. Grande-Bretagne.	103 fr. 10	—	21,80 —

Au point de vue des sommes déposées par 100 habitants, la France, la France économe et riche ne vient qu'en 10e ligne.

Au point de vue du nombre des livrets par 100 habitants, elle est distancée non seulement par de grandes nations comme l'Allemagne ou les Etats Unis, l'Autriche-Hongrie, mais par de petits ou moyens pays comme le Danemark, la Suisse, la Norvège, la Belgique, des pays nouveaux comme l'Australie où l'épargne accumulée de longue date n'a pu servir de base aux résultats d'aujourd'hui. Si l'on se rapporte au nombre des livrets, la France remonte un peu ; mais elle est encore au 7e *rang*. Et dans un cas comme dans l'autre, elle est primée par des nations qui toutes pratiquent *l'emploi libre des dépôts* et qui, loin de courir les dangers fictifs dont les menace l'esprit de routine et de centralisation à outrance, se

trouvent à merveille du régime fécond de la liberté.
A quoi peut tenir la supériorité de leurs résultats,
sinon à la supériorité même de leur régime ? Peut-on
concevoir une autre cause que celle-là ? On pourrait
la chercher ailleurs pour une, pour deux nations,
trouver pour expliquer l'infériorité patente de la
France en matière d'Epargne, d'ingénieuses argumen-
tations ; mais pour que 7, 8, 9 nations arrivent toutes
par le régime du libre emploi aux plus florissants résultats, il ne peut y avoir d'autre cause que la fécondité
du régime lui-même. La Liberté, comme nous allons le
démontrer tout à l'heure, active, surexcite l'épargne.
La centralisation des fonds par l'Etat la stérilise et la
paralyse, et l'on peut dire que si l'Epargne française est
arrivée à ses quatre milliards c'est non point grâce
à la législation qui la régissait, mais malgré elle.

L'ouvrier se juge à son œuvre, l'arbre à ses fruits.
Les législations du libre emploi et de l'emploi cen-
tralisé se jugent à leurs résultats. Ils sont décisifs
contre ce dernier, et l'on pourrait dire, comme à
l'audience : *La cause est entendue.* Celle du libre
emploi a non seulement pour elle les économistes les
plus éminents de tous les pays : Léon Say, Paul
Leroy-Beaulieu, Georges Picot, Luzzati, l'illustre
économiste et homme d'Etat italien, et tant d'autres
que je pourrais nommer ; elle a quelque chose de
mieux, que des autorités doctrinales, si imposantes
qu'elles soient réputées, elle a l'expérience décisive
des faits. Et qu'on ne parle pas de différences de
richesse, d'esprit d'économie, des qualités distinctives
de race qui expliqueraient le rang inférieur de la
France dans l'échelle de l'Epargne du Monde. Riche,
imbue d'esprit d'économie, la France ne l'est-elle pas?
Ne l'a-t-elle pas toujours été, Elle qui, au lendemain
des plus stupéfiants désastres, a sorti de son sein, de
ses épargnes accumulées, les milliards nécessaires à sa

rançon de guerre, à la reconstitution de ses forces, à son relèvement, et est entrée par une sorte de revanche économique dans une période de prospérité inouie ? Apte à l'épargne, ne l'est-elle pas comme tous les peuples qui l'entourent ? Et combien sont inconséquents ceux qui, pour la maintenir dans l'ornière de la routine, tantôt par une infatuation aveugle, négligent les progrès accomplis autour de nous, tantôt représentent la France comme inapte par son caractère à s'approprier les réformes réalisées au dehors ! Non, il faut reconnaître loyalement que si la France n'a pas la place qu'elle devrait occuper dans la hiérarchie de l'épargne du monde, c'est que l'instrument dont elle se sert est défectueux, et qu'au lieu de donner à l'épargne son maximum de développement, il l'arrête et le paralyse.

Cette conclusion s'impose avec un caractère d'irrésistible évidence quand entrant dans le vif de la question on examine en eux-mêmes le régime du libre emploi et celui du Tout à l'Etat.

Tout d'abord, posons en principe que ce dernier régime présente en temps de guerre, ou de révolution les plus graves périls, et que dans les périodes de paix, il n'est pas sans avoir de très grands inconvénients.

Le privilège enviable de l'Etat est d'emprunter toujours, sans avoir à rembourser jamais, au moins en capital. La responsabilité de l'Etat vis-à-vis des fonds des déposants l'oblige à rembourser à ces derniers, ce qu'il n'a pas reçu d'eux, au moins d'une manière immédiate, puisque les dépôts ont été convertis en achats de rentes antérieurement émises. Si une guerre, si une révolution survient, s'il se produit une panique parmi les déposants, s'ils viennent en masses innombrables et serrées (ils sont plus de 9 millions) se presser aux guichets de nos caisses, que va-t-il se produire ? L'Etat fera sans doute usage de la clause de sauvegarde, de l'article 36 de la loi des 26 juillet.

6 août 1895; mais l'ouvrage si savant de M. Eugène
Rostand auquel je fais de si nombreux emprunts nous
apprend, par des calculs établis sur trois milliards
seulement de dépôts, à quelles échéances formidables
et toujours croissantes l'Etat se trouverait acculé.
Comment y ferait-il face? Assurément il emploierait
d'abord la portion disponible qui se compose pour
100 millions de bons du Trésor, c'est-à-dire de l'ar-
gent dû par l'Etat lui-même, ensuite le Fonds de
réserve ; il s'adresserait sans doute, après avoir épuisé
ses ressources, à la Banque de France qui aurait peut-
être à ce moment à faire face à des nécessités autrement urgentes que le remboursement des Dépôts
d'Epargne. Et après, que ferait-il? Il serait obligé
de faire jeter sur le marché par la Caisse des Dépôts
et Consignations des paquets énormes de rentes qui
activeraient dans des proportions extraordinaires le
mouvement de baisse qui aurait été la conséquence
inévitable de la révolution ou de la guerre ; il devien-
drait malgré lui et par la force des choses un gigantes-
que spéculateur à la baisse après avoir été pendant la
paix, un spéculateur à la hausse et après avoir artifi-
ciellement haussé le cours de la rente. Et comme c'est
le cours de la rente qui est le régulateur de tous les
cours, la baisse de la rente précipitée par l'Etat lui-
même c'est-à dire par celui qui a l'intérêt le plus con -
sidérable au maintien des cours, entraînerait toute la
cote des valeurs. L'Etat activerait ainsi la diminution,
la ruine de son crédit, la débâcle de tout le marché.
L'expérience de 1830, de 1848, de 1870 a été concluante.

L'Etat en présence d'une guerre ou d'une révolution intérieure ne peut pas supporter, même avec la
clause de sauvegarde le remboursement normal des
Dépôts ; il se trouve acculé à la nécessité ou de manquer à ses engagements, ou de ruiner son Crédit, et

peut-être obligé de subir ces deux extrémités à la fois. Assurément, Messieurs, nous ne contestons pas qu'en cas de guerre générale, ou de révolution, même avec le Régime de la Liberté, la liquidation un peu rapide par les Caisses d'épargne, d'une partie de leur portefeuille, n'irait pas sans de sérieux inconvénients. Mais il est facile de démontrer par l'examen même de leur mécanisme, sous ce dernier régime, par la variété infinie de leur portefeuille, par la diversité des situations locales au point de vue des effets et des contre-coups de la crise, que cette liquidation n'offrirait pas les mêmes dangers et pourrait dans certaines régions plus favorisées passer presqu'entièrement inaperçue. Le privilège de l'Etat centralisateur est de tout tenir, son inconvénient est de tout atteindre. Une partie seule-ment de notre sol envahi, Paris investi, une défaite, même subie au dehors de notre territoire, le crédit de l'Etat peut se trouver atteint, et cette atteinte se ré-percuter sur toute la France, et produire une égalité nouvelle, et certainement peu enviable, l'égalité dans la ruine.

Voilà les conséquences du régime du Tout à l'Etat, établies par la logique, confirmées par l'expérience.

Certes, l'élasticité des institutions républicaines, sous l'égide tutélaire desquelles nous vivons depuis 1870 paraît nous garantir contre les révolutions de jadis; notre démocratie essentiellement pacifique nous met à l'abri des guerres de conquête, ou des aventures dynastiques; mais qui répond de l'avenir, des nécessi-tés auxquelles peut nous acculer le souci de notre honneur ou de notre sécurité nationale? Il est permis de dire, sans manquer à notre foi inébranlable dans la durée de la République, et à notre espoir dans la paix de l'Europe, que si parmi les pays civilisés, il en est un qui déjà exposé à tant de difficultés et de périls doive, plus que toute autre nation se dégager à tout prix des

risques graves que lui font courir la responsabilité des
fonds des Caisses d'Epargne, c'est la France, qui
hélas, pendant le siècle qui vient de s'écouler a subi
deux invasions et plusieurs guerres, et a été le théâtre
de trois révolutions.

Voilà le péril du régime du Tout à l'Etat en temps
de complications intérieures et internationales. Il est
permis d'affirmer que même en temps de paix, et de
prospérité, il n'est pas sans un très sérieux inconvénient : celui de produire par d'énormes achats de rente,
une hausse souvent artificielle de cette valeur d'Etat.
La baisse progressive et toujours croissante du taux de
l'intérêt, provient certainement de causes générales,
universelles. Mais la hausse artificielle de notre rente
tend à la précipiter, à l'exagérer au-delà de sa mesure
naturelle et normale, et à produire ce résultat affligeant
et paradoxal que chaque économie du travailleur dépo-
sée dans nos Caisses d'épargne a pour résultat d'abais-
ser la rémunération, l'intérêt de son capital épargné.

Le régime du Tout à l'Etat, le régime français,
celui qui résulte de la loi de 1895 n'est-il pas jugé par
la nécessité où s'est trouvé le législateur de proscrire
les dépôts supérieurs à 1.500 francs ?

Le motif, hautement reconnu de cette mesure, a
été la nécessité d'enrayer le flot montant de l'Epargne
française, et de parer par ce triste expédient au péril
grave que cette augmentation fait courir au crédit de
l'Etat. N'est-ce pas là l'aveu dépourvu d'artifice du
vice du régime lui-même ?

Envisageons en lui-même le caractère de cette
mesure. Il semble qu'au fur et à mesure que l'intérêt
baisse, le devoir de l'Etat soit d'augmenter la limite
des dépôts, en proportion de cette baisse elle-même,
Or que fait l'Etat? Il a commencé par augmenter dans
une mesure en partie artificielle le cours de la Rente,
et par conséquent par faire baisser l'intérêt, et c'est

après avoir obtenu ce merveilleux résultat qu'il abaisse la limite des dépôts ! Mais le devoir de l'Etat n'est-il pas de pousser à l'épargne, de l'activer par tous les moyens possibles ? Est-ce que l'épargne n'est pas pour lui comme pour les particuliers la suprême ressource ? et conçoit-on un Etat tenant au travailleur cet étrange et paradoxal langage : « *Tu épargnes trop. La France* « *grâce à toi tient dans la hiérarchie de l'épargne* « *universelle, le septième ou le dixième rang. Je vais* « *élaborer une loi qui va faire dégringoler la France* « *d'un ou deux échelons ! !* »…..

Nous rêvons, sans doute, c'est dans un roman chagrin à thèses sociales, représentant la société à l'envers de la logique et du bon sens, que sont tenus ces invraisemblables propos ! Hélas, si ce n'était qu'un langage, ce serait peu chose. C'est bel et bien un article de loi, l'article 4 de la loi de 1895. Nous venons d'assister à son *exécution ;* jamais expression ne fut plus exacte ; elle a eu pour effet d'alléger le portefeuille des Caisses d'épargne de 187 millions de 1899 à 1900.

Que sont-ils devenus ?

Hélas, nous connaissons trop, par de tristes et récentes expériences, combien est rudimentaire et incomplète l'éducation des classes populaires en matière de placements, combien est grande leur crédulité, combien elles sont désarmées devant certains agissements, pour ne pas être inquiets sur leur destinée. Il est bien difficile de dire qu'en jetant aux vents de la spéculation, du charlatanisme ou du hasard ces 187 millions, l'Etat a bien mérité de l'Epargne française.

Un pareil expédient juge et condamne le système. Voyons le Régime de la liberté.

. Si ce régime n'avait d'autre supériorité que de décharger l'Etat d'une effroyable responsabilité, et d'une garantie qui en temps de crise est au-dessus des forces d'un Etat, nous n'hésiterions pas à le préconiser ; mais ce n'est là qu'un profit négatif. Le Libre emploi a heureusement pour lui d'autres avantages d'une portée plus positive.

Le premier est ce que j'appellerai la division des responsabilités en cas de crise. Je ne sais si je me fais bien comprendre, et si ma pensée est exprimée d'une façon suffisamment claire. Dans notre système actuel, il n'y a qu'une responsabilité en présence d'une crise, C'est celle de l'Etat. Je néglige la responsabilité locale des Caisses, dont les valeurs sont pour la plupart des valeurs d'Etat et qui pratiquement se confond avec la responsabilité de l'Etat lui-même. Or, il est certain qu'avec le système de la Liberté d'emploi, qui a pour corrollaire une autonomie sagement réglementée et contrôlée des Caisses d'épargne, une guerre, une révolution, n'auraient pas les mêmes effets généraux s'appliquant indistinctement à toutes les Caisses d'épargne et paralysant leur crédit. Tous les points du pays n'étant pas également atteints, certaines Caisses souffriraient plus que d'autres, certaines ne subiraient qu'un contre-coup éloigné. Dans tous les cas l'Epargne française ne serait pas frappée totalement dans ses œuvres vives. Rien n'empêcherait du reste de constituer, même avec le régime de la Liberté d'emploi et de l'Autonomie des caisses, un fonds général de réserve administré par la Fédération générale des Caisses d'épargne et permettant en cas de crise de porter secours aux Caisses particulièrement atteintes. Ce secours serait d'autant plus facile que toutes les Caisses n'en seraient pas uniformément affectées. On ne se trouverait plus en présence d'une communauté, d'une uniformité désolante d'infortune Les plus heureuses, les plus favorisées seraient enchantées de venir dans la limite du fonds général de réserve, peut-être dans une mesure plus grande encore, au secours des Caisses en détresse. Le grand principe de la Solidarité, de la

Fraternité, de la Mutualité en cette matière recevrait son application.

Voilà, Messieurs, un premier et capital avantage du régime de la liberté. Après avoir évité la banque-route plus ou moins déguisée de l'Etat, il empêche la crise générale de l'épargne. Il la localise et l'amortit par le jeu de fonds de réserve général.

Est-ce que l'exemple des autres nations n'est pas de nature à confirmer l'excellence de ce système, même dans les pays où l'absence de tout fonds de réserve général a laissé les Caisses en temps de crise abandonnées à leurs propres forces ?

Certes, Messieurs, nous avons été tristement favorisés par la révolution et par la guerre ; mais les nations qui nous avoisinent, comme celles qui sont loin, bien loin de nous, n'ont-elles pas eu leurs' épreuves et leurs déchirements ?

Les diverses parties qui composent l'Allemagne avant de se fondre dans sa triomphante unité n'ont-elles pas eu leurs émeutes, leurs guerres. L'Autriche n'a-t-elle pas subi les plus terribles désastres? L'Italie pendant la gestation laborieuse de sa glorieuse et maintenant intangible unité, n'a-t-elle pas eu elle aussi la double épreuve de la guerre et de la révolution ? Comment se sont comportées les Caisses d'Epargne de ces grandes nations. Elles ont toutes admirablement tenu tête à l'orage, et le sénateur Annoni, président de la Caisse d'Epargne de Milan pouvait dire avec un légitime orgueil : *Dans nos commotions politiques les dépôts tendent plutôt à s'accroître, parce que précisément le public sait que tout n'est pas confié à la puissance politique.* M. Frizzerin pouvait dire de son côté en 1872 au Conseil Municipal de Padoue : « *En 1848, les Caisses d'épargne françaises passèrent par une épreuve terrible parce qu'elles s'étaient jetées dans les bras largement ouverts de l'Etat. Les caisses italiennes échappèrent au péril pour s'être fixées à une liberté maniée avec prudence.* Qu'on parcoure les recueils spéciaux de la matière, qu'on se reporte aux savants ouvrages de M. Rostand, on verra que les mêmes crises qui en France ont acculé l'Etat aux inhérentes nécessités que vous savez ont laissé les Caisses étrangères intactes. Les faits, les chiffres sont là, avec leur victorieuse et décisive éloquence.

Voilà donc, Messieurs, ma première démonstration. Sous le Régime de la Liberté les Caisses d'un pays résistent mieux que sous notre régime à la révolution et à la guerre.

Poursuivons notre étude, avançons-nous dans le fond du sujet, examinons le fonctionnement d'une Caisse à l'état libre. et voyons si elle ne réalise pas au plus haut degré les deux avantages que doit réunir une Caisse d'épargne : *C'est-à-dire la sécurité des dépôts, et la promptitude des remboursements, en d'autres termes la sûreté des emplois et la facilité des réalisations.*

Quelle est la règle à suivre dans l'emploi d'une fortune particulière pour assurer sa sécurité ? C'est la diversité des placements. Les placements hypolhécaires sagement réglementés et contrôlés sont aussi sûrs que tous les fonds d'Etat ; les avances faites à certaines sociétés de crédit, sous certaines conditions et avec certaines garanties ne cèdent en solidité à aucun genre de placement. Plus les placements des Caisses d'épargne seront dispersés, plus les chances de pertes seront diminuées, plus les facilités des négociations seront augmentées. Nous ne verrions aucune difficulté pour notre part à l'emploi d'une partie déterminée des fonds d'Epargne en valeurs étrangères sagement limitées, afin de ne pas inonder le marché de fonds nationaux en cas de crise et de trouver à l'étranger des réalisations plus faciles et moins désavantageuses. C'est ce qu'ont fait et ce que font les caisses de Leipzig, de Copenhague, de la Haye, de Berne, de Genève, de Neuchâtel, la caisse générale de Belgique, etc. Il semble qu'en pareille matière, il faut négliger les suggestions inintelligentes d'un patriotisme mal entendu, et qu'une Caisse d'épargne française peut, sans manquer aux devoirs du patriotisme mettre dans son portefeuille un certain paquet de valeurs étrangères. Elle fait œuvre de prudence, voilà tout. Elle fait ce que font les neuf dixièmes des capitalistes bien avisés.

Assurément par la liberté d'emploi nous n'entendons livrer les Caisses d'épargne aux caprices de leurs administrateurs, dont la responsabilité est, du reste, la garantie de leur sagesse. Qu'on réglemente dans les statuts les catégories d'emploi, les modalités, et les garanties des placements. Qu'on prenne toutes les précautions statutaires ou autres. Nous n'y voyons aucun obstacle ; mais ces précautions prises et mises en pratique, nous affirmons avec l'exemple des Caisses de toutes les nations, avec l'épreuve de la presque totalité des pays civilisés, que le régime du Libre emploi assure d'une façon autrement certaine que dans notre pays la sécurité des placements et la facilité des remboursements.

Le régime du Libre emploi fortifie à un autre point de vue la sécurité des placements et la facilité des remboursements.

Les Caisses d'épargne ne sont pas obligées à rémunérer un capital initial ; leurs administrateurs remplissent des fonctions gratuites ; leurs frais généraux sont relativement minimes. Or, il est démontré par l'expérience des pays *à libre emploi* que, même en évitant soigneusement tout placement dont le bénéfice excessif compromettrait la solidité, les Caisses d'épargne réalisent des bénéfices plus considérables que par l'achat exclusif des valeurs d'Etat, et comme leurs frais ne sont pas plus importants, elles peuvent constituer des réserves autrement considérables que chez nous.

Ainsi, sécurité dans les placements, rapidité dans leurs réalisations, constitution de fonds de réserve plus considérables, tout se trouve dans les Caisses à libre emploi ; mais ce n'est là qu'une partie, certainement essentielle de leurs avantages. Tous ces avantages sont pour ainsi dire couronnés par l'avantage suprême qui résulte de la fécondité des emplois.

Qu'y a-t-il de plus illogique et de plus stérile que l'emploi des fonds de l'Epargne en valeurs d'Etat ? Illogique, puisqu'il condamne l'épargne des Caisses coloniales, par exemple, à chercher leur emploi bien au-delà des mers, alors qu'elle aurait sur place tant de besoins à satisfaire ; stérile, car elle ne sert pas à l'Etat qui cependant la reçoit et en reste responsable ; elle est employée en achat en Bourse de valeurs dont l'Etat a depuis longtemps reçu et employé le montant. Les valeurs sont entre les mains de capitalistes ou de spéculateurs ; au lieu d'y rester, elles passent à la Caisse des Dépôts et Consignations souvent pour le plus grand profit des joueurs à la hausse. Elles ne servent même pas comme en Angleterre, à amortir la dette et à diminuer la responsabilité qui y est attachée. L'Etat n'encaisse rien, ne profite de rien ; il court des risques énormes sans profit.

Combien est plus fécond le régime du libre emploi,

L'épargne produite sur place est employée à l'endroit même qui l'a vue naître : *Placements hypothécaires* servant à établir des entreprises ou des cultures nouvelles. *Canaux d'irrigation* transformant une région en y apportant la richesse et la vie, *Institutions de crédit populaire et agricole* recevant dans une mesure sagement réglementée les ressources qui leur sont nécessaires pour remplir leur mission,

Habitations à bon marché, etc. A quels emplois solides et sérieux les fonds de l'épargne ne peuvent-ils être employés ? L'ouvrier, le travailleur assiste à la mise en valeur des fruits de son travail et de son épargne. Il en profite lui-même directement ou indirectement. L'épargne féconde l'épargne ; et de ces emplois judicieux et utiles naît l'augmentation des dépôts et l'accroissement du nombre des livrets. C'est même, nous ne craignons pas de le dire, cette fécondité des emplois qui est la grande raison de la supériorité des Caisses à libre emploi sur les autres au point de vue de l'accroissement des Dépôts.

Est-ce que le tableau que nous faisons de l'application du régime du libre emploi est le résultat de notre imagination optimiste et illusionnée ? Il n'est que l'expression de la réalité, établie par l'examen des principales caisses d'épargne fonctionnant sous l'empire de ce dernier régime.

Voyons par exemple la caisse d'épargne de Milan, qui est si justement réputée, qui a été mise au premier rang, lors de nos expositions universelles, et qui, datant de 1823 a subi l'épreuve des guerres, des bouleversements politiques, sans qu'ils aient entravé son admirable développement.

Voyons son bilan au 31 décembre 1899.

Nous y trouvons :

Un actif de **678.157.914 L. 14**

Un passif de **598.031.264 L. 95**

faisant ressortir un fonds de réserve

de **80.126.649 L. 16**.

Le fonds de réserve s'élève au 31 août 1900 à **83.614.493 L. 11.**

et augmenté de quelques articles supplémentaires dégage un actif net au 31 août 1900

de **86.475.722 L. 81.**

Si nous examinons le détail du portefeuille de la caisse de Milan, nous y trouvons :

Prêts hypothécaires ordinaires.... *Fr.*	62.645.155	58
Prêts hypothéeaires avec amortissement	30.826.011	23
Avances sur effets publics et industriels	6.161.281	72
Reports d'effets publics...........	28 915 200	»
Avances sur gages...............	36.425.716	87
Effets publics....................	361.491.486	24
Obligations industrielles et commerciales	28.604.014	»
Lettres de change...............	7.259.743	»
Bons du Trésor................	63.400.000	»

etc , etc.

N'est-on pas frappé de l'ampleur de ces résultats qui sont la plus décisive démonstration de l'excellence du régime qui les a produits.

Prenons les plus importantes de nos Caisses d'épargne, et comparons. Mettons en parallèle non seulement les chiffres proprement dits, mais aussi les résultats attachés à ces chiffres.

Que sont nos Caisses d'épargne, même les plus prospères et les mieux administrées ?

De vastes entonnoirs dans lesquels se déverse l'épargne française d'où elle sort transformée en titres de rente achetés sur le marché, ou autres valeurs équivalentes ?

Qu'est la Caisse d'épargne de Milan ? Que sont les Caisses d'épargne sous l'empire de la liberté.

Des sources énormes et fécondes de prospérité et de progrès. Placées au centre de chaque ville, de chaque province, elles font sentir leur influence sur tous les points du territoire qui leur apportent leurs épargnes.

Nous pourrions multiplier les exemples, citer la Caisse d'épargne de Bologne si bien administrée, et

tant d'autres caisses italiennes que nous pourrions
donner comme modèles.

Si de l'Italie nous passons à la Belgique nous voyons
figurer à l'actif de la Caisse d'épargne de Belgique :

188.514.180 fr. *placés en fonds d'Etat.*

34.251.767 *placés en obligations diverses garanties par l'Etat.*

76 098.806 *placés en obligations des provinces et des communes.*

24.662.870 *prêtés aux entreprises ou sociétés d'habitations ouvrières.*

48.078.267 *placés en effets sur la Belgique.*

61.225.833 *en valeurs ou effets sur l'étranger.*

La Caisse générale de Belgique, comme la Caisse de
Milan a fait ses preuves.

Les Caisses d'épargne placées sous le régime de la
liberté ne se contentent pas de semer autour d'elles et
de récolter en même temps la richesse et le progrès ;
elles sont des œuvres de charité et de bienfaisance et
n'oublient pas ceux à qui la maladie, la pauvreté rend
l'épargne impossible.

Je ne connais rien de plus touchant que la liste des
œuvres charitables auxquelles ont concouru les Caisses
d'épargne à l'état libre, dans tous les pays. Cette liste
se trouve tout au long dans l'ouvrage de M. Rostand
si souvent cité. Mes auditeurs n'ont qu'à s'y référer.

Qu'il me soit seulement permis de citer un chiffre
emprunté aux dernières statistiques :

De 1879 à 1898 la Caisse d'épargne de Milan a
consacré **9.745.451 L 12** aux œuvres charitables.

Ce chiffre se passe de commentaires.

Voilà l'immense supériorité des Caisses d'épargne
à l'état libre, sur les Caisses d'épargne régies d'après
le système contraire, démontrée par le raisonnement
comme par l'expérience.

Que peut-on objecter contre cette double démonstration ?

Dira-t-on que ce qui est sans péril à l'étranger serait dangereux chez nous ? Tout d'abord la liberté d'emploi peut et doit être sagement réglementée. Ce serait en outre calomnier les honorables et consciencieux administrateurs de nos Caisses d'épargne que de les supposer incapables de faire ce que font avec tant de succès leurs collègues de l'étranger. Nous savons par l'exemple des Caisses d'épargne de notre département, par l'exemple plus lointain des grandes Caisses d'épargne de Marseille, Lyon et de tant d'autres villes, quelle large intelligence et quel soin méticuleux les conseils d'administration des Caisses françaises apportent dans la gestion des intérêts sacrés qui leur sont confiés. Pourquoi seraient-ils au-dessous des devoirs nouveaux que leur imposerait le régime de la liberté. La nation française serait-elle donc dans un état de décadence intellectuelle et morale tel qu'elle serait au-dessous de la gestion des Caisses d'épargne ainsi que la pratiquent toutes les nations civilisées ? Ne sommes-nous pas de la même race que les Belges, les Italiens ? Pourquoi devrions-nous échouer là où ils réussissent? Non. C'est calomnier notre race, c'est calomnier les administrateurs de nos Caisses d'épargne que de ne pas les supposer capables de faire pour les deniers des pauvres ce qu'ils font si sagement pour leur fortune personnelle. Loin de craindre de leur part des emplois téméraires, qui seraient du reste empêchés par la règlementation à intervenir, il y aura au contraire à redouter de leur part une excessive timidité. Ils seront les premiers temps comme des aveugles recouvrant la vue et tout ébloui par la lumière; puis ils s'habitueront aux clartés vivifiantes de la Liberté. Et ce n'est pas en France, qui peut se dire avec orgueil le pays classique de la probité administrative, que les deniers du pauvre craindront le moindre péril !

Je suis arrivé au terme de cette trop longue étude
Quelle doit en être la conclusion ?

Il faut que le principe de la liberté admis par le
législateur dans une minime mesure pour la fortune
personnelle des Caisses d'épargne soit étendu dans une
proportion à déterminer aux fonds des déposants. Une
fois ce principe introduit dans la loi, justifié par
l'expérience, les législateurs de l'avenir auront à l'ap-
pliquer dans son intégralité. Ce jour-là l'épargne
française complètement émancipée pourra donner
toute sa mesure. Pour arriver à ce résultat, dont les
leçons du passé nous apprennent toutes les difficultés,
il faut reprendre avec une nouvelle ardeur la campagne
dont MM. Eugène Rostand, Léon Say, Aynard, et
tant d'autres ont été les éloquents initiateurs. N'épar-
gnons rien de notre activité et de notre ardeur. Faisons
des conférences, des mémoires, provoquons des vœux
des Conseils généraux, des Conseils municipaux, des
Caisses d'épargne, de toutes les associations, de tous
les congrès qui s'occupent des intérêts économiques
du pays. Ne reculons devant aucune difficulté, aucune
défaite passagère. Disons-nous que nous combattons
le bon combat, que nous agissons dans l'intérêt de
notre chère Patrie.

Certes, il ne faut pas nous dissimuler les difficultés
de notre tâche. Nous avons deux terribles ennemis :
l'Habitude et la Routine.

La campagne que nous continuons aujourd'hui à la
suite de tant d'hommes éminents, d'économistes illus-
tres, n'est qu'un épisode de la grande lutte engagée
contre la Centralisation excessive dont la France est la
malheureuse victime.

Certes la race française est encore, quoi qu'on en
dise, en pleine vitalité, en pleine sève, et nous ne
sommes pas de ceux qui la croient arrivée à la vieil-
lesse, descendant doucement la pente qui conduit à

une irrémédiable décadence. Mais, reconnaissons-le, certaines parties de notre activité individuelle et sociale sont pour ainsi dire paralysées. Il ne faudrait pas se méprendre sur la portée de notre pensée. L'esprit d'initiative, l'esprit d'association, de solidarité, de mutualité existe bien en France, et il a produit, il produit tous les jours et sous certains rapports, les plus merveilleux résultats ; mais il n'en est pas moins vrai que l'individu, sous le régime ultra-centralisé qui depuis si longtemps est celui de la France, a pris l'habitude de trop compter sur l'Etat et pas assez sur lui-même, et sur les associations particulières faites en dehors de l'Etat. Il s'est pour ainsi dire hypnotisé devant l'Etat. De quelle perte de forces un pareil régime n'a-t-il pas été la cause ? Combien d'énergies latentes n'ont-elles pas été étouffées ? *Varus ! Varus ! qu'as-tu fait de nos légions ?*

Certes, le Régime centralisateur a eu sa raison d'être à certaines époques de notre histoire ; il a pu fonder notre unité, concentrer vers un but unique toutes les forces de la nation. Mais en affaiblissant chez les individus l'esprit d'initiative, chez les collectivités l'esprit d'association, en ramenant tout au centre, en effectuant le vide autour de lui, en faisant des Français des soldats dans le rang, il a fait chèrement payer à notre Pays les grands services de jadis.

Ne touchons-nous pas aujourd'hui du doigt le mal immense qu'il a fait au caractère national ? Alors que l'esprit d'initiative, d'association, de mutualité, pour ne citer qu'un exemple entre mille, a organisé autour de nous d'innombrables associations de crédit agricole, que ces associations, mettant en œuvre par la seule force de leur crédit d'énormes capitaux ont été pour les nations voisines des sources fécondes de prospérité et de progrès, nous sommes restés lamentablement en arrière de ce grand mouvement de mutualité appliqué au crédit rural.

Et maintenant que le législateur alarmé des progrès ambiants en cette matière, effrayé des dangers que fait courir à notre pays une concurrence toujours croissante, a mis à la disposition de l'agriculture française les instruments de son relèvement, unis à des capitaux considérables, l'agriculteur, étonné et défiant ne sait encore ni se servir des uns, ni profiter des autres. C'est tout une éducation à faire, un entraînement à effectuer, une sorte de *massage moral à pratiquer*.

Et pourquoi cette impuissance, cette inaptitude à utiliser certaines forces? L'esprit français, l'activité française n'ont-ils pas la même valeur intrinsèque que l'esprit, que l'activité des nations qui les entourent? Assurément oui; mais l'Etat, ange exterminateur de l'initiative individuelle et de l'activité sociale, a passé par là; il a accompli son œuvre d'impuissance et de stérilité! Ah! l'Etat, j'admets son rôle de protection et d'assistance. Qu'il protège la paix intérieure et extérieure, qu'il assure la protection des grands principes, qui sont la base de tout ordre social, et sans lesquels il n'y a plus que barbarie; qu'il sauvegarde toutes les libertés, la liberté du travail, la liberté même de la grève; qu'il défende notre territoire, qu'il remplisse son grand rôle d'assistance, et appelle à son aide les obligations de la loi. C'est là son rôle. Il est assez étendu et assez beau pour qu'il puisse et doive pouvoir s'en contenter. Mais l'Etat, absorbant, centralisateur, négatif de toute initiative: Voilà l'Ennemi! l'Ennemi qu'il faut combattre, qu'il faut terrasser à tout prix! C'est lui, pour revenir au sujet qui nous occupe, qui par les idées qu'il a infiltrées dans la nation française, les habitudes qu'il lui a fait prendre, est le grand obstacle à la réalisation de cette grande et féconde réforme des Caisses d'épargne.

Ne cessons pas de lutter pour en assurer le succès.

Puisons dans les obstacles que nous apporte une longue
routine, une ardeur et une activité nouvelles. On nous
accusera peut-être d'être des pessimistes. Pessimistes,
il faut que nous le soyons par la pensée. *L'avenir est
aux inquiets*, dit un proverbe italien, que jadis rappe-
lait Jules Ferry. Mais que notre pessimisme s'arrête à
la pensée. N'est-ce pas déjà un grand avantage pour
un pays de se rendre compte de ses imperfections et
de ses lacunes ? Ne voyons-nous pas de tous les côtés
surgir de généreuses et réconfortantes initiatives ?
Non, notre pays n'est ni mort ni à la veille de mourir.
Il renferme dans son sein des mines inépuisables d'ac-
tivités généreuses et d'initiatives fécondes. Sachons les
mettre en valeur. Soyons optimistes dans l'action. Car
l'optimisme ce n'est pas ici l'illusion qui leurre et qui
égare. C'est la foi qui sauve, la foi inébranlable dans la
vitalité de notre race, l'avenir de notre pays ! *(applau
dissements répétés)*.

A la suite de cette conférence, M. le Président du
Congrès a mis aux voix la résolution suivante :

Le Congrès des associations agricoles des Alpes-
de Provence et des Alpes-Maritimes.

Après avoir entendu la conférence de M. Lairolle
sur la législation des Caisses d'épargne,

En adopte entièrement les conclusions et émet le
vœu que la loi de 1895 sur les Caisses d'épargne soit
modifiée, dans le sens de la liberté d'emploi des fonds
des déposants, dans une proportion et moyennant des
conditions à déterminer.

Cette motion est mise aux voix et adoptée à l'una-
nimité.

www.ingramcontent.com/pod-product-compliance
Lightning Source LLC
Chambersburg PA
CBHW060803280326
41934CB00010B/2541